SOUVENIRS

HISTORIQUES

A L'USAGE

DE TOUS LES FRANÇAIS.

SOUVENIRS
HISTORIQUES

A L'USAGE

DE TOUS LES FRANÇAIS. *

PUISQUE tous les journaux soit-disans *libéraux* continuent à se donner le plaisir de déraisonner sur les tristes événemens des 19 et 20 novembre dernier, puisque leur esprit ingénieux s'amuse encore à comparer aux *atroces massacres* des 2 et 3 septembre 1792, les mesures de vigueur prises par l'autorité pour rétablir l'ordre dans un des quartiers les plus populeux de Paris ; bien des gens ne seront pas fâchés que nous leur rappelions comment, depuis la révolution, les différens gouvernemens qui ont régi la France, se sont conduits

---

* L'auteur de cet opuscule, composé vers la fin de décembre 1827, s'est aidé de l'*Histoire de la garde nationale*, par M. Comte ; de l'*Histoire de Napoléon*, par M. de Norvins ; et principalement des *Essais sur les causes et les effets de la révolution de France*, par feu M. Beaulieu, ouvrage publié en l'année 1803, et de la plus rare impartialité. Tous les amis des lettres savent que M. Beaulieu, mort depuis peu de mois, était un des écrivains les plus sagement religieux et monarchiques de notre époque, et que, dans la *Biographie universelle*, où presque seul il a été chargé pendant fort long-temps de la Biographie des *Membres de la Convention nationale*, il a constamment fait preuve d'une admirable modération.

dans des circonstances à peu près semblables. Il paraît que les journaux dont nous parlons ont peu de *mémoire*, et ce qu'il y a de pis encore, peut-être *blâment-ils très-fort* aujourd'hui ce qu'à d'autres époques ils n'ont pas craint *d'approuver*; mais il ne faut s'étonner de rien dans notre siècle de *contradictions*.

On sait que l'infortuné Louis xvi, parti de Paris dans la nuit du 20 au 21 juin 1791, avec la reine, le dauphin, madame royale et madame Elisabeth, fut arrêté à Varennes, et que, forcé par la municipalité et par la populace du lieu de revenir dans sa capitale, il arriva au château des Tuileries le 25, vers les sept heures du soir. Le parti républicain, à la tête duquel se trouvait l'avocat Pétion de Villeneuve, l'avocat Buzot, l'avocat Prieur, le conseiller Vadier et l'avocat Robespierre, demanda aussitôt à l'assemblée nationale que le roi fût décrété d'accusation; mais sur environ mille députés présens, plus de neuf cent quatre-vingt-dix consacrèrent l'inviolabilité du monarque. Furieux de la conduite de l'assemblée, le club des *Cordeliers* et celui des *Jacobins* arrêtèrent qu'il serait fait une pétition solennelle aux départemens, et les attroupemens qu'ils organisèrent afin de répandre la terreur partout, se portèrent, le 16 juillet, aux théâtres et en firent fermer plusieurs. Les factieux, dispersés à l'*opéra* par la garde nationale, se rendirent le lendemain sur le terrain où avait été la *Bastille*, dans l'intention d'y faire signer leur pétition, et d'exciter une insurrection dans le faubourg St. Antoine. Dispersés de nouveau par la garde nationale, ils se portèrent au champ de Mars, où ils furent suivis d'une foule immense. Les principaux meneurs de cette cabale étaient l'avocat Danton, l'officier de santé Marat , le journaliste Fréron , le boucher Legendre , l'avocat Camille Desmoulins , le journaliste Robert , le comédien Fabre d'Eglantine , l'imprimeur Bonneville et le clerc de procureur Chaumette ; leur but était de faire signer leur pétition sur *l'autel de la patrie*.

Arrivés au champ de Mars , les factieux trouvèrent deux pauvres *invalides* , qui , pour déjeuner sans être incommodés des ardeurs du soleil , s'étaient assis dans un trou pratiqué sous *l'autel de la patrie*. Les malheureux furent aussitôt traités de *conspirateurs* , et pendus à la lanterne du Gros-Caillou ; leurs têtes furent ensuite coupées et promenées dans le quartier , au bout d'une pique. Sur la proposition de MM. Dandré et Régnaud de St. Jean d'Angely , l'assemblée avait décrété la veille que les ministres et la municipalité étaient responsables de l'efficacité des moyens qu'ils prendraient pour assurer la tranquillité publique , et M. Charles de Lameth , alors président , avait puissamment secondé ces dispositions.

Cependant la municipalité était assemblée , et presque toute la garde nationale était sous les armes. M. de Lafayette se rend au champ de Mars ; mais le détachement qui le suivait se trouvant trop peu nombreux , il retourne à Paris , après avoir essuyé un coup de pistolet , tiré par les factieux , lesquels , voulant ensuite donner une espèce de légalité à leur conduite , envoyèrent sur-le-champ des commissaires à la municipalité pour lui déclarer qu'ils se conformeraient aux lois , que réunis sans armes , ils signaient une pétition que tous les citoyens étaient en droit de faire. Le fameux *drapeau rouge* était alors suspendu aux fenêtres de l'hôtel-de-ville ; la garde nationale remplissait la place de Grève , et était prête à marcher.

Pour toute réponse, la municipalité dit aux commis_saires des attroupés de porter à leurs commettans l'ordre qu'elle leur donnait de se séparer. Les séditieux ayant refusé d'obéir, M. Bailly, maire de Paris, et quelques officiers municipaux se rendirent au champ de Mars, accompagnés d'une force imposante, commandée par M. de Lafayette, et faisant porter devant eux le drapeau rouge. Une partie du rassemblement, qui s'était avancé jusques sur la place des invalides, se mit aussitôt à lancer des pierres ; quelques cavaliers chargèrent les factieux et n'eurent pas de peine à les disperser.

Arrivées au champ de Mars, la municipalité et la garde nationale sont accueillies par des huées et assaillies par une grêle de pierres. La garde nationale se forme cependant en ligne de bataille ; ses canons, chargés à mitraille, sont braqués contre l'immense attroupement, et sur-le-champ, plusieurs coups de pistolet, tirés par les séditieux, viennent blesser différentes personnes auprès du maire de Paris et des officiers municipaux. Ce fut alors qu'un peloton de la garde nationale fit feu avant qu'on eût pu faire les sommations prescrites par la loi, et la fusillade se fit entendre sur toute la ligne. Dans un instant le champ de Mars, qui était couvert de monde, fut balayé ; quant aux canonniers qui, furieux des outrages dont ils étaient accablés par la populace, brûlaient du désir de lâcher leurs pièces, M. de Lafayette se précipita au-devant d'eux et les empêcha de tirer. Le nombre des morts fut de 60 à 80 personnes. Aucun des chefs ne périt ; l'assemblée nationale avait ordonné qu'ils seraient poursuivis, mais son décret ne fut pas exécuté : une amnistie arrêta tout.

Le *constitutionnel*, le *courrier* et le *journal du com-*

merce pourraient-ils nous dire quels furent les *provocateurs* de cet épouvantable rassemblement ? Les meneurs dont nous avons parlé plus haut étaient-ils des *agens de la police* ? M. le maire de Paris et M. le commandant de la garde nationale étaient-ils des *massacreurs*, ou si l'on veut des *juilletiseurs?* Ces différentes questions nous paraissent valoir la peine d'être examinées, et MM. les *libéraux*, il n'en faut pas douter, s'empresseront de dire que les *Danton*, les *Camille Desmoulins*, les *Fabre d'Eglantine* et les autres *meneurs* du rassemblement de juillet 1791, étaient seulement des *patriotes un peu trop exaltés ;* mais s'il a été permis à l'autorité d'alors d'employer la force contre cette espèce de patriotes, pourquoi donc refuser à l'autorité d'aujourd'hui le droit de réprimer vigoureusement les *casseurs de vitres*, les *barricadeurs*, les *lanceurs de pierres*, les *tireurs de coup de feu* de la rue St. Denis ? Les uns sont-ils plus à ménager que ne l'étaient les autres ? nous ne le pensons pas.

La chute de Robespierre fut suivie d'une *réaction* terrible contre le parti jacobin, provoquée par les conventionnels demeurés vainqueurs dans la fameuse journée du 9 thermidor an 2. Les conventionnels réactionnaires les plus échauffés étaient Fréron, député de la ville de Paris, Chénier, député de Seine et Oise, Isnard, député du Var, et Cadroy, député des Landes. Les villes de Lyon, d'Aix, de Marseille et de Toulon montrèrent jusqu'à quel point, sous un climat ardent, des hommes victimes dans leurs biens, dans leurs personnes, dans celles de leurs parens, peuvent pousser les fureurs de la vengeance. A Paris, la réaction fut toute bénigne ; les jeunes gens se bornèrent à chanter le *réveil du peuple* aux spectacles et au palais royal, à chasser les jacobins du local dans lequel ils se réunissaient, et de tous les endroits publics où ils paraissaient. Le fameux Carrier fut condamné et mis à mort le 26 frimaire an 3, et bientôt, sur la proposition du conventionnel Lecointre de Versailles, les thermidoriens demandèrent un rapport sur la conduite des membres qui avaient composé les anciens comités de *salut public* et de *sûreté générale*. Ce rapport, fait par le conventionnel Saladin, se terminait par la demande de mise en accusation des députés Barrère, Collot d'Herbois, Vadier et Billaud-Varennes. Les conventionnels Carnot, Prieur et Robert-Lindet, qui avaient fait partie du *comité de salut public*, déclarèrent qu'ils ne sépareraient pas leur cause de celle de leurs collègues, et les députés dénoncés furent encore défendus avec chaleur par les conventionnels Cambon, Maignet, Duhem, Ruamps, Foussedoire et quelques autres.

Le 10 germinal, une insurrection s'organisa parmi le peuple en leur faveur : environ 600 femmes qui s'étaient réunies dans le marché St. Martin, en donnèrent le signal ; elles coururent au chef-lieu de la section des Gravilliers, demandèrent que le rappel fût battu ; et le président de la section ayant refusé de se mettre à leur tête, elles se présentèrent à la barre de la convention, qui les renvoya. Le lendemain 11, une bande énorme d'individus, qui se disaient la section des *Quinze-Vingts*, vinrent se présenter à la barre de la Convention, et demandèrent la mise en liberté de tous les patriotes incarcérés depuis le 9 thermidor, en se plaignant en outre de la fermeture des sociétés populaires. Le lendemain 12, l'insurrection prit un caractère plus sérieux ; une foule immense de femmes et d'hommes, arrivant du faubourg St. Antoine, du faubourg St. Marceau et des autres quartiers où la populace abonde, paraît à la barre de la convention, et demande du *pain* et la *constitution de* 1793. La convention avait pris ses mesures ; les sections étaient armées, et le général Pichegru, qui en avait accepté le commandement, se présente aux Tuileries à la tête d'une force considérable, pour soutenir la convention. Les insurgés se voyant cernés, se séparèrent en toute hâte, et la majorité de la convention, présidée par le député André Dumont, condamna à la déportation Billaud-Varennes et Collot d'Herbois, députés de la ville de Paris, Vadier, député de l'Arriége, et Barrère, député des Hautes Pyrénées. Le général Pichegru fit ensuite cerner la section des *Gravilliers*, où les attroupés étaient en armes ; ils essayèrent bien de faire quelque résistance, mais bientôt on les vit se disperser, et la tranquillité fut pour quelque temps rétablie. Ce fut à cette époque que la convention décréta la *restitution des biens confisqués* sur les familles des *condamnés :* la famille de Robespierre fut seule exceptée.

Cependant la convention ne tarda pas à se tourner contre les *réactionnaires*, et les jacobins, chassés de leur club, en formèrent un nouveau dans une salle du *vieux Louvre*. Le conventionnel Louvet, dans un journal qu'il rédigeait alors, ne cessa d'exciter les militaires de la garnison de Paris contre la jeunesse de la capitale ; le conventionnel Chénier fit décréter la peine du *bannissement* et de la *mort* contre les *provocateurs à la royauté ;* mais les déclamations des jacobins devenant plus furieuses que jamais, la Convention eut bientôt à lutter contre une insurrection générale de la populace des faubourgs. Cette insurrection, la plus menaçante peut-être qu'on ait vue dans le cours de la révolution, éclata le 1.er prairial an 3. Les jacobins se portèrent à la convention, en criant : *du pain ! du pain ! la constitution de* 1793 ! Les portes de la salle où siégeait la représentation nationale furent enfoncées par les séditieux, et le conventionnel Ferraud, atteint d'un coup de pistolet, fut entraîné hors de la salle et eut la tête coupée. Peu d'instans après, un homme parait portant une tête au bout d'une pique : c'est la tête du malheureux Ferraud que les révoltés avaient pris pour Fréron. Il présente cette tête sanglante au président Boissy-d'Anglas, qui s'incline avec respect ; la foule rit, et des applaudissemens partent du lieu où siégent les députés jacobins, alors mêlés avec la populace. Le président veut leur imposer silence ; il est interrompu par les cris : *du pain ! l'arrestation des émigrés ! la liberté des patriotes ! la constitution de* 1793! *vive la montagne ! vivent les jacobins !*

Pressée par le danger, la Convention revient alors aux *réactionnaires*, c'est-à-dire, à la généralité de la bourgeoisie de la capitale ; elle appelle à son secours les bataillons des sections *Lepelletier*, *La Butte des Moulins*, *Fontaine de Grenelle* et autres ; ces bataillons occupent le Carrousel et toutes les avenues du château des Tuileries, et les insurgés sont cernés dans le sein même de l'assemblée. Le bataillon de la section de la *Butte des Moulins*, conduit par les conventionnels Delmas, Legendre et Delcloy, pénètre alors dans la salle au pas de charge et la baïonnette en avant : à ce mouvement, les factieux prennent la fuite en se culbutant les uns sur les autres ; la salle et les tribunes sont en un instant évacuées , et l'assemblée décrète aussitôt d'accusation vingt-huit de ses membres , parmi lesquels on comptait le fameux Javogues , député du département de Rhône et Loire , et le mathématicien Romme , député du département du Puy de Dôme , auteur , quant aux calculs , du *calendrier républicain*.

Le lendemain 2 , l'insurrection recommence , mais avec un caractère bien plus effrayant que la veille : cette fois , c'étaient les terribles sections du *faubourg St. Antoine* , du *faubourg St. Marceau* et des *Gravilliers* , qui s'avançaient contre les Tuileries avec du canon ; un escadron de gendarmerie qu'on avait envoyé pour s'opposer à leur marche , se débande et passe avec les révoltés ; de leur côté , les autres sections de Paris se préparent à défendre la *représentation nationale* ; toutes les rues sont pleines d'artillerie et couvertes d'hommes armés. La Convention craignant de n'être pas la plus forte , ou peut-être redoutant pour elle l'effet de la victoire , décrète qu'elle va s'occuper à l'instant même des subsistances ; elle nomme des commissaires pour aller fraterniser avec les sections rebelles ; la réconciliation s'opère , et chacun s'en retourne dans son quartier.

Le lendemain 3, l'assassin du conventionnel Ferraud, qui avait été arrêté par la section de la *Butte des Moulins* , livré aux tribunaux et condamné à mort , est enlevé par un attroupement lorsqu'on le conduisait au supplice , et emmené au faubourg St. Antoine. La Convention ordonne alors aux sections de reprendre les armes ; environ 400 gardes nationaux de bonne volonté , commandés par le général Kilmaine, s'avancent en bon ordre dans le faubourg ; ils fouillent la maison du fameux Santerre et quelques autres , et s'emparent des canons

de la section. Quand ils voulurent revenir , ils trouvèrent toutes les rues *barricadées* , et leur crainte fut telle,
qu'ils se hâtèrent de rendre les canons ; ils rentrèrent
alors dans l'intérieur de Paris , après avoir essuyé toutes
sortes d'outrages de la part de la populace. La Convention fait aussitôt marcher le général Menou contre le
faubourg St. Antoine , avec de nombreux bataillons de
garde nationale , soutenus par plusieurs escadrons de
cavalerie et par une artillerie formidable. Les conventionnels Fréron , Delmas , Laporte et Barras , qui rem-
plissaient les fonctions de *représentans du peuple* auprès
de cette armée , choisissent la maison de *Beaumarchais* ,
à l'extrémité du boulevard , pour leur *quartier-général* ,
et là ils délibèrent sérieusement de *livrer le faubourg
aux flammes* , afin d'*éteindre* pour jamais le foyer des
insurrections ; mais le général Menou leur déclare
qu'à moins d'un décret de la Convention , il ne se
chargera pas d'ordonner une pareille mesure. Cette dé-
claration du général Menou sauva le faubourg , dont
les habitans , effrayés par les forces redoutables qui les
environnaient , se soumirent enfin , laissèrent saisir
leurs armes et arrêter ceux d'entre eux qu'on regardait
comme les plus mutins. Le nombre des individus arrêtés
fut de soixante-un ; conduits à Paris , et livrés sur-le-
champ à une commission spéciale , moitié militaire ,
moitié civile , trente-un , pour la plupart gendarmes ,
et qui avaient déserté leurs compagnies pour se joindre
aux révoltés , furent condamnés à mort et fusillés ; cinq
furent condamnés à une année de travaux forcés , six à
la déportation , et dix-neuf à la détention.

Ainsi se sont passées les fameuses affaires du 12 germinal et du 3 prairial an 3. Quels en étaient les *pro-*

vocateurs ? nous l'ignorons. Les amis de la Convention (et le nombre en est assez grand par le temps qui court) ne manqueront pas de dire que l'*énergie* déployée par elle dans ces mémorables journées, était aussi légitime que nécessaire. Nous conviendrons volontiers que nos *bons représentans* avaient le droit de se défendre contre les hordes qui les attaquaient jusques dans le sanctuaire de leurs délibérations ; mais il faut à présent que les Libéraux nous accordent, à leur tour, que M. le préfet de police était pleinement autorisé à faire marcher et ses gendarmes et la troupe de ligne contre les perturbateurs du repos des honnêtes habitans des rues St. Denis et St. Martin ; car la sûreté des *personnes* et des *propriétés* exige, ce nous semble, que l'autorité prenne quelques précautions.

Peu de temps après la journée du 3 prairial et le désarmement des jacobins, les comités de *salut public* et de *sûreté générale* engagèrent les sections de Paris à remettre leurs canons au gouvernement, leur disant que le *régime révolutionnaire* étant fini, et qu'une *constitution sage* allant être donnée au peuple français, de pareilles armes leur devenaient *inutiles*, et qu'elles pouvaient même devenir *dangereuses.* Ces raisons parurent très-bonnes aux Parisiens, et les canons furent aussitôt remis ; la section *Lepelletier*, auparavant des *Filles St. Thomas*, donna la première l'exemple. Les canons livrés au gouvernement furent conduits au château de Meudon.

Quelque agitation régnait cependant encore dans la capitale. Les jeunes gens continuaient leurs poursuites contre les jacobins ; mais tout cela se bornait, comme nous l'avons déjà dit, à les chasser des cafés, à faire chanter le *réveil du peuple*, et à siffler certains acteurs

qui s'étaient montrés partisans un peu chauds du sys-
tème des *sans-culottes*. Sur la proposition du député
Jean-Debry, la Convention décréta que, par opposition
au *réveil du peuple*, on jouerait à la parade la *marseillaise*.
Ce décret donna lieu à de nombreuses querelles entre la
jeunesse de Paris et les militaires de la garnison. Un jour,
que les grenadiers de la garde de la Convention s'étaient
répandus au palais royal, en chantant la *marseillaise*,
les jeunes gens y répondirent par le *réveil du peuple*; les
grenadiers mirent le sabre à la main, mais les jeunes
gens leur lancèrent des chaises à la tête, et finirent par
les charger à coups de cannes. Plusieurs fois les comités
essayèrent de remplir de grenadiers le parterre de l'opéra,
et d'entourer la salle de cavalerie, pour y faire entendre
la *marseillaise :* les huées et les sifflets empêchèrent toujours de continuer le chant si cher aux *amis de la révolution*. Bientôt les comités de la Convention ordonnèrent
la mise en liberté de tous les terroristes qui avaient été
arrêtés pour les désordres commis avant et après le 9
thermidor. Les comités donnaient à ces hommes les
noms de *patriotes opprimés*, de *patriotes de* 89; on fit
même exprès pour eux un journal intitulé : *journal des
patriotes de* 89. Plusieurs sections réclamèrent; la Convention les reçut fort mal, et les pétitionnaires furent
traités par elle de *brigands* et de *royalistes*.

Telle était la situation des choses, lorsque la Convention
décréta la constitution dite de l'an 3. Cette constitution,
dont les formes se rapprochaient un peu de celles de la
monarchie anglaise, ne déplut pas trop; mais quand
parurent les décrets des 5 et 13 fructidor, relatifs à la
formation des deux chambres, c'est-à-dire du *conseil des
anciens* et du *conseil des cinq cents*, dont les deux tiers des

membres devaient être pris dans le *sein de la Convention*, le mécontentement le plus vif se manifesta partout. Les comités de la Convention imaginèrent alors de former trois bataillons de tous les terroristes qu'ils avaient fait mettre en liberté. Ces bataillons, composés chacun de 5oo hommes, reçurent le nom de *bataillons sacrés*, et ce fut avec ces dignes défenseurs que les comités essayèrent de faire tête aux sections de Paris, lesquelles, après avoir accepté la constitution, mais rejeté les décrets des 5 et 13 fructidor, s'étaient déclarées en permanence. La Convention crut devoir donner à la conduite des sections le nom d'*insurrection*; elle ordonna aux assemblées primaires de se dissoudre, et toutes refusèrent d'obéir.

Le 12 vendémiaire, Paris fut dans la plus grande agitation. La crainte de retomber sous le joug des jacobins, effrayant tous les esprits, la presque totalité des sections de la capitale demanda à marcher contre les Tuileries; mais la Convention avait pris ses mesures. Les canons remis par les sections formaient à Meudon un parc d'artillerie de 40 pièces, et 4,000 hommes de troupes de ligne, sous le commandement du général Menou, campaient dans la plaine des Sablons : toutes ces forces reçurent l'ordre d'entrer à Paris, et le soir, le conventionnel Laporte, escorté par un fort détachement, se rendit, par la rue Vivienne, à la section *Lepelletier*. La section était assemblée dans l'ancien couvent des *Filles St. Thomas*, où s'élève aujourd'hui le magnifique palais de la Bourse, et le bataillon de la section, en grande partie composé de jeunes gens, était réuni à l'entrée du couvent. Le conventionnel Laporte somme le bataillon de mettre bas les armes; un jeune garde

national , nommé Delalot , à peine âgé de 20 ans , lui
répond aussitôt :

« Que nous demandez-vous ? nos armes que nous
» n'avons jamais employées qu'à votre défense. Quels
» sont vos défenseurs ? ceux qui vous ont égorgés ,
» que nous avons vaincus à vos côtés , que nous avions
» désarmés par vos ordres. Quels canons nous oppo-
» sez-vous ? les nôtres , que nous vous avons rendus
» volontairement. Que nous reprochez-vous ? l'exercice
» légitime de nos droits. Nous avons , au prix de notre
» sang , maintenu la liberté de vos délibérations , et
» vous violez les nôtres , au mépris de toutes les lois. »

Ce discours électrisa tout le bataillon. Au lieu de se
laisser désarmer , il porta les armes et croisa la baïonnette. Le conventionnel Laporte , étonné de cette résistance , se retire avec sa troupe , et vingt mille hommes
des autres sections arrivent au secours de la section
Lepelletier. Il était onze heures du soir. La Convention
décrète que de nouvelles forces partiront pour amener
pieds et poingts liés , à sa barre , les chefs de la section
Lepelletier , et le conventionnel Barras est nommé pour
commander les troupes qui devront agir partout où
l'exigera la défense de la *représentation nationale.* Les
sections , instruites du décret , font battre la générale
pendant toute la nuit ; la moitié de Paris reste sous les
armes , et le lendemain toutes les rues sont remplies de
bataillons. Sur la proposition de la section du *Théâtre
français* , on prend pour commandant le général Danican,
militaire d'une capacité médiocre, et qui, selon toute apparence, perdit la cause des sections. Feu M. Beaulieu, que
nous avons connu beaucoup à Paris, et l'homme le mieux
instruit, peut-être, des événemens de la révolution, nous a

souvent assuré que le 11 vendémiaire, plusieurs membres influens des sections, prévoyant la lutte qu'il faudrait soutenir, eurent l'idée d'aller trouver le général de brigade d'artillerie Bonaparte, qui était alors à Paris sans emploi, et lui proposèrent de prendre le commandement des sections. *Vous venez trop tard*, leur répondit-il, *les choses sont trop avancées, et je n'aurais pas assez de temps pour faire les dispositions nécessaires.* Le général Bonaparte avait déjà offert ses services au comité de salut public.

Le général Danican ayant accepté le commandement des sections, le bataillon de la section *Lepelletier*, commandé par un ex-garde du corps, nommé Lafond, se porte, suivi de quelques autres, sur le pont neuf, que les soldats de la Convention, au nombre de 400, occupaient depuis le matin, avec quatre pièces de canon, afin de s'opposer à la réunion des sections du faubourg St. Germain. Avant de forcer le passage, les sections envoient des parlementaires aux troupes conventionnelles qui se retirent aussitôt en abandonnant leur artillerie. Le commandant Lafond veut s'emparer des canons ; mais le général Danican s'y oppose, et le général Carteaux arrivant au galop, fait reprendre et emmener les pièces. Les 400 soldats de la Convention se replient jusqu'au premier guichet du Louvre, et les sections s'avancent, par le quai de l'Ecole, jusqu'au jardin de l'infante, dans lequel elles prennent poste.

Cependant le conventionnel Fréron, qui, quatre mois auparavant, avait conduit les sections au faubourg St-Antoine, et qui avait proposé d'y *mettre le feu*, était allé dans le faubourg chercher du secours contre ces mêmes sections, et il amenait à la convention nationale environ 200 individus déguenillés, qu'il appelait la section des *Quinze-Vingts* : c'était tout ce qu'il avait pu rassembler. Il était près de cinq heures du soir ; les commissaires de la section *Lepelletier* parlementaient avec les comités de la Convention et demandaient le désarmement des terroristes , quand plusieurs coups de feu, partis de chez le restaurateur Venua, à l'hôtel de Noailles, où quelques gardes nationaux étaient entrés pour manger un morceau, donnèrent le signal du combat.

Le conventionnel Barras avait donné le commandement en second au général Bonaparte. Ce général avait fait apporter aux Tuileries 700 fusils , des gibernes et des cartouches , pour armer les *conventionnels* eux-mêmes ; car enfin il était bien juste que ces braves gens fussent les premiers à donner l'exemple de l'*ardeur* et du *courage* : l'histoire ne dit cependant pas qu'aucun d'eux, en ce jour si mémorable , ait endossé le *fourniment*. Une partie de l'artillerie, venue de Meudon , escortée par 200 dragons de la légion de police, commandés par le chef d'escadron Murat , qu'on a vu depuis *roi de Naples* , fut placée à l'entrée du pont Louis XVI et du pont Tournant, à l'entrée du pont Royal , du côté de la rue du Bac, de manière à enfiler le large quai des Théatins , à l'entrée du cul-de-sac Dauphin et de la petite rue de Rohan , et enfin sur le quai du Louvre ; le reste des pièces demeura en réserve sur la place Louis XV. De forts détachemens d'infanterie furent en outre placés sur tous ces points , et les trois *bataillons sacrés*, mis sous le commandement du général Berruyer, mort, pendant le *consulat*, gouverneur de l'*Hôtel des Invalides* , occupèrent le poste du cul-de-sac Dauphin. Les sections du faubourg St-Germain , qui arrivaient en colonnes par le quai des Théatins , furent horriblement foudroyées par les canons du pont Royal et par ceux du quai du Louvre ; trois fois ces colonnes se rallièrent , et trois fois elles furent rompues par la mitraille. Les sections de l'intérieur , qui arrivaient par la rue St Honoré et par la rue de Richelieu , ne furent pas plus heureuses : ce ne fut qu'au cul-de-sac Dauphin, en face de l'église de St-Roch , que la section de *la Butte des Moulins* opposa de la résistance ; on s'y battit fort avant dans la nuit , un très-grand nombre de canonniers y furent tués , trois fois les pièces furent abandonnées par les hommes des *bataillons sacrés* ; et les sections , au lieu de s'en emparer , et de les tourner contre leurs adversaires, s'obstinèrent à rester retranchées dans l'église de St-Roch. Le canon du cul-de-sac ne frappait que contre l'encoignure de l'église ; les empreintes en ont subsisté jusqu'à l'époque de la *restauration*. Quand le coup était parti les sectionnaires descendaient sur les marches de l'église et fusillaient tous ceux qui servaient ou protégeaient les pièces. Un jeune homme, qui était caché dans la boutique d'un épicier , faisant l'angle du cul-de-sac et de la rue Saint-Honoré , tua lui seul , dit-on , près de 20 hommes des *bataillons sacrés*. Le nombre des morts , dans cette affaire , a été évalué des deux côtés à près de 400 personnes.

Ce fut ainsi que se passèrent les choses à la journée du 13 *vendémiaire*, journée célèbre , qu'on peut regarder, avec raison , comme le 10 *août* de la *représentation nationale* ; mais dont l'issue fut autre que celle du 10 *août de la royauté*, par l'énergie que sut mettre la Convention à faire respecter son pouvoir. Plusieurs écrivains *libéraux*, notamment MM. de Norvins et Léonard Gallois,

tous deux auteurs d'une vie de *Napoléon Bonaparte*, prétendent que, dans cette affaire, *le parti de la contre-révolution joua le jeu des républicains, et que, sous prétexte de soutenir les droits du peuple, il essaya d'arracher l'autorité des mains de la Convention.* Des écrivains *royalistes*, principalement feu M. Beaulieu, soutiennent au contraire que, la *correspondance* et les autres *papiers* saisis dans le temps chez un certain M. Lemaître, où l'on parlait des *délibérations des sections*, et *du parti qu'il était possible d'en tirer pour la cause royale*, ne prouvent absolument rien. En effet, il est beaucoup plus vraisemblable que les sections de Paris, fatiguées, comme toute la France, du poids d'un gouvernement aussi *monstrueux* que l'était celui de la Convention, ont cherché à s'en *débarrasser à tout prix* ; peut-être ont-elles pensé qu'il n'y aurait jamais de *véritable repos* pour la patrie, que lorsque les Français reviendraient à des *institutions raisonnables*, et même à leurs *légitimes souverains* ; mais, comme le dit feu Beaulieu, « l'insurrection se liait si peu
» à des projets étrangers, il y avait si peu d'intelligence
» entre ceux qui possédaient de l'influence dans les sections
» et les agens de Louis XVIII, que dans celle de la Butte
» des Moulins, dont notre auteur faisait partie, des
» officiers qui avaient servi dans l'ancien régime, et
» qu'on savait être attachés à la cause royale, ayant of-
» fert leurs services pour diriger les compagnies, on ne
» voulut pas les accepter, et cela par la seule crainte
» qu'on ne pût dire à la Convention, avec quelque ap-
» parence de fondement, que les sections avaient à leur
» tête des royalistes connus et jusqu'alors étrangers à
» leurs délibérations. »

La même année, vers la fin du mois de fructidor,

pendant que le directoire de la république faisait ins-=
truire le procès du journaliste Babœuf, de Darthé , l'un
des collègues de Lebon, dans le département du Pas-
de-Calais, des conventionnels Drouet, député de la
Marne, Laignelot , député la ville de Paris , et Ricord,
député du Var , du fameux Antonnelle, ex maire d'Arles,
et l'un des jurés du tribunal révolutionnaire , les jacobins
essayèrent de faire un nouveau mouvement , dans le but
de rendre la liberté à leurs *frères opprimés*. Après être
parvenus à séduire une foule de militaires, et même des
corps entiers qu'il fallut faire partir pour l'armée , dans la
crainte qu'ils ne devinssent à Paris de puissans auxiliaires
des terroristes, ils tentèrent de soulever plusieurs régi-
mens qui campaient dans la plaine de Grenelle. S'étant
réunis un jour dans une auberge de Vaugirard , ils en
partirent au milieu de la nuit, après avoir *copieusement
dîné*, et se présentèrent au camp, avec du vin et de
l'eau-de-vie , dans l'intention de fraterniser avec les
troupes et de les déterminer à marcher avec eux contre
le directoire. Cette visite nocturne , à laquelle le camp
ne s'attendait pas, fit aussitôt battre la générale. Le
colonel Malo , qui commandait un régiment de dragons ,
s'habille et s'arme à la hâte ; il fait monter ses gens à
cheval, et se mettant à leur tête, les malheureux *frères
et amis* sont impitoyablement sabrés ; plusieurs de ces
excellens patriotes se sauvèrent du côté de la Seine ,
pous échapper au fer des dragons , et se noyèrent ; un
assez grand nombre d'autres furent arrêtés et conduits
tout sanglans devant une commission militaire , formée
au *Temple* , qui les fit fusiller le 18 vendémiaire an 5 :
on comptait , parmi ces bons amis du peuple, le conventionnel Javogue , qui était parvenu à se tirer d'affaire

au 3 prairial, le conventionnel Cusset, député du département de Rhône et Loire, le négociant Bertrand, ex-maire de Lyon, enfin le conventionnel Huguet, évêque constitutionnel et député du département de la Creuse, qui, dans la journée du 12 germinal, se déclarant en faveur de la populace, arrivée du faubourg St-Antoine, pour demander du *pain* à la convention, avec un accent vraiment évangélique : *Peuple, n'abandonnes pas tes droits !*

Cette affaire et toutes celles qui l'ont précédées, et sans oublier ici la monarchie giganstesque de l'*empire*, où l'on ne vit plus, il est vrai, nos citoyens armés les uns contre les autres, mais où l'on a vu la fleur de notre population moissonnée, pendant près de 15 ans, par le fer et le feu des *Autrichiens*, des *Russes*, des *Prussiens*, des *Anglais*, et surtout des *Espagnols*, offrent la preuve évidente que la nation française n'a marché que d'erreurs en erreurs, de catastrophes en catastrophes, du moment où elle a eu le malheur de rêver une liberté *mal entendue*, et de rompre l'antique pacte qui l'unissait à son légitime souverain ; qu'aucun des gouvernemens qui l'ont régie depuis sa fatale révolution, n'a *consenti*, et peut-être n'a *dû consentir* à céder à la volonté des masses ; que les *fureurs de l'anarchie* amènent inévitablement le *régime accablant du despotisme*, et que la vraie liberté, compagne inséparable de la modération et de la justice, ne saurait exister sans le respect dû à l'autorité du monarque, à la majesté des lois, aux droits sacrés des citoyens, quelque soit le rang qu'ils occupent dans la hiérarchie sociale, car il ne peut y avoir de droits que par la nature et par les lois elles-mêmes. Des vérités aussi simples devraient être à la

portée de toutes les intelligences , et cependant· on voit
chaque jour que presque personne ne les entend. Après
avoir passé par les épreuves les plus terribles , à peine
sorti de l'abîme d'une révolution , dont les annales d'aucune nation du monde n'offrent l'exemple , le peuple
français paraît encore disposé à vouloir courir la chance
d'une révolution nouvelle ; le repos dont il jouit lui
semble insipide , et , chose étrange , qus les siècles futurs
n'envisageront pas sans frémir , des gouvernemens de
mort , tels que ceux de la *convention* et de *l'empire* ,
gouvernemens que la Providence lui a véritablement
donnés *dans sa colère* , et pour l'amener un jour à se
plier de bonne grâce au joug de la légitimité , de la raison
et des lois , ne cessent pourtant d'exciter son *admiration* et ses *regrets !* Nous ne craignons pas de le
dire , un peuple qui en est venu à cet excès de *folie* ,
qui , sous le vain prétexte de *libertés en péril* , semble
tout prêt à séparer ses intérêts de ceux de ses *princes
naturels* , à demander un *maître* aux *Pays-Bas* , à l'*Au-
triche* , et même au *Palais-Royal* , a réellement atteint
le terme de son existence politique.

Les *libéraux* , avec toutes leurs *criailleries* contre la
police , n'ont jusqu'ici montré que leur *audace* et leur
mauvaise foi. Nous ignorons qu'elle a pu être l'*action
latente* de la police dans les événemens des 19 et 20
novembre dernier : un seul fait existe pour nous , et
c'est celui de la *tranquillité publique troublée dans les
rues St-Denis et St-Martin.* Quelle conduite devait alors
tenir l'autorité ? qu'était-elle en droit de faire ? Voilà
toute la question. Le *Précurseur* du 12 de ce mois a dit
que le rassemblement du champ de Mars , en juillet 1791,
était une *sédition* dirigée *tout à la fois* contre la *repré-*

sentation nationale et contre le *château des Tuileries.* Quoique le but du rassemblement ne fût, en apparence, que la signature, sur l'*autel de la patrie*, d'une pétition adressée aux 83 départemens, il était sans doute fort naturel que l'assemblée nationale en fût *alarmée* et pour *elle* et pour les *Tuileries*, et qu'elle rendît les ministres et la municipalité de Paris responsables de l'efficacité des moyens qu'ils auraient pris pour assurer la tranquillité publique. Mais le journal dont nous venons de parler ne s'est-il pas *moqué* de ses lecteurs, comme de la France entière, quand il n'a pas craint d'ajouter que les quartiers St-Denis et St-Martin étaient, dans les soirées des 19 et 20 novembre, en *pleine paix civile*, que l'autorité a agi sans *motifs légitimes*, sans *absolue nécessité*, et que c'est pour *réprimer de prétendus délits de police correctionnelle* que les soldats *ont fait feu* ?

Quoi ! la rue St-Denis et la rue St-Martin étaient en *pleine paix civile*, quand une troupe de bandits cassait les vitres des particuliers, pour les obliger d'illuminer le devant de leurs croisées ! il n'y avait pas *nécessité* d'envoyer au plutôt des troupes sur les lieux, pour faire cesser le tumulte ! et quand, à l'arrivée de ces troupes, des *barricades* s'élèvent dans les rues, quand les commissaires de police sont accueillis par des *huées*, quand des pierres sont *lancées* contre la force armée qui les accompagne, quand enfin des *coups de feu* sont tirés et sur la troupe et sur les fonctionnaires chargés de veiller à la sûreté des personnes et des propriétés, il n'y a pas *motifs légitimes* de *répression*, et même de *répression vigoureuse* ! Il faut, en vérité, que des journalistes qui se livrent à de pareils raisonnemens aient perdu toute espèce de pudeur, et il ne leur reste plus qu'à se *mettre eux-mêmes à la tête* des misérables dont ils ne craignent pas de se déclarer les soutiens.

Sans doute il y a *quelque distance* de la rue St-Denis au château des Tuileries, et très-probablement les *casseurs de vitres* n'avaient pas le projet de faire un 10 *août*; mais est-il donc bien décidé que la force publique ne doive agir que lorsque les menaces et les cris de la révolte se feront entendre aux *portes* du *palais de nos rois*, ou quand le *palais du corps législatif* sera envahi par une troupe de forcenés ? Ignore-t-on que de *petites causes* amènent souvent de *très-grands effets*, et la sagesse ne prescrit-elle pas d'arrêter le mal dans sa source ? *Principiis obsta*, disait un ancien et très-grand poète; mais il paraît que nos journalistes *libéraux* ne s'accommodent pas de cette maxime.

Ce n'est pas tout de crier contre le *jésuitisme*, il faut encore être *vrai* et raisonner de *bon sens*. Autre chose, dit le *Courrier français* du 14, *est de repousser par la force armée les attaques de la révolte en armes et de faire intervenir la force armée, pour fusiller et sabrer, dans les rues, des citoyens sans armes et sans passions populaires.* Sans doute il y a une différence entre la *révolte en armes* qui doit être réprimée par la force, sans *nul délai*, sans *nul ménagement*, et la *révolte sans armes* qui n'autorise l'emploi de la force qu'après la *sommation* faite *trois fois* de se retirer ; mais les attroupés des rues St-Denis et St-Martin étaient-ils, comme le soutient le *Courrier*, des citoyens *sans passions populaires* ? ont-ils obéi à la sommation faite, non pas trois fois, mais plus de dix fois ? Non, ces *tranquilles citoyens* s'amusaient à *casser des vitres*, à traiter de *mouchards* les personnes qui prétendaient s'opposer à ce *passe-temps joyeux*, et à les poursuivre *constitutionnèllement* jusque dans un corps-de-garde ; au lieu de se retirer à la vue des commissaires de police, et surtout après avoir entendu les sommations faites, ils se mettent à *rire aux éclats*, et dans *l'excès de leur joie*, transportés d'une *gaîté tout-à-fait folle*, ils se hâtent de *lancer des pierres* contre la force militaire et de faire entendre des *coups de pistolets*. O les *bons citoyens !* et combien le *Courrier* fait paraître d'*adresse*, en défendant la *légitimité* de leur cause ! Nous ne savons, en vérité, qui mérite le plus notre admiration, du *Courrier français* ou de ses *cliens*.

La douceur et la paternité du gouvernement actuel ne peuvent être contestées de personne ; mais est-il dit que cette *douceur* et cette *paternité* doivent l'*empêcher* de montrer de la *vigueur* dans les occasions menaçantes ? La douceur et la fermeté sont-elles des qualités incompatibles ? les factieux doivent-ils être traités à l'égal des gens paisibles ? La grande douceur du gouvernement de Louis XVI, et la grande paternité de ce bon et malheureux prince, ont-elles *désarmé* la rage de ses cruels ennemis ? Nous n'avons pas voulu, dans cet opuscule, justifier la conduite du gouvernement actuel par celle des gouvernemens de la république : elle n'en avait pas besoin ; mais notre intention bien claire a été d'opposer les *libéraux* à eux-mêmes. En effet, s'il faut les en croire, le *peuple* ne doit espérer de *vrais amis* que parmi eux ; ses *droits* et sa *liberté* sont placés sous leur *sauve garde* ; la Convention nationale, dont le *Précurseur* exaltait dernièrement les *miracles*, qui la présentait à ses lecteurs *soulevant* la nation française, l'*arrachant* aux douceurs de la civilisation, *mettant* deux millions d'hommes *sous les armes*, et *joignant* à l'*audace* des

conceptions une *vigueur* d'exécution *inexorable* , peut
faire juger de la douceur et de la paternité des *libéraux*,
si jamais ils viennent à bout de leurs *sublimes desseins.*
Qu'on ne nous demande pas quels sont les desseins que
nous osons leur supposer : les articles du *Globe* , sur
l'ouvrage publié dernièrement par M. Armand Carrel,
parlent très-haut, et rien n'est surtout plus intelligible
que la *lettre* toute récente qu'a fait paraître M. Cauchois
Lemaire, l'un des anciens rédacteurs du *Nain-Jaune*,
petit écrit périodique qui favorisa si puissamment la
cruelle catastrophe du *vingt mars.* Guerriers malheureux, qu'un chef impitoyable fit exterminer de *sang-
froid* dans les champs de *Waterloo* , vous savez, au
séjour de paix et de vérité que vous habitez maintenant,
l'erreur fatale qui termina votre glorieuse vie et dessécha
vos lauriers ; mais, hélas ! il faut l'avouer, votre grande
infortune est encore une de ces leçons qui semblent devoir être perdues et pour nous et pour la *postérité !*

On se tromperait étrangement sur notre compte
compte, si l'on pouvait penser que ces quelques pages
ont été écrites sous une influence quelconque : étranger
à toute espèce de faction, à toute espèce de coterie politique ; vivant à cent vingt lieues de la capitale, mais
ayant acquis à nos dépens une certaine expérience des
hommes et des choses, et n'aimant pas plus les tar-
tuffes de telle façon que les hypocrites de telle autre,
nous avons cru pouvoir nous permettre les observations
et réflexions qu'on vient de lire, pénétré de leur im-
portance et de leur utilité ; elles sont, nous ne craignons
pas de l'assurer, d'un sincère ami de la paix , des
Bourbons, de la charte et de la patrie, d'un homme
qui s'est montré plus d'une fois opposé au ministère

sans cependant être de ses ennemis, qui, grâces à Dieu, ne fut jamais d'aucune police, qui s'est toujours ici bas contenté du rôle de spectateur bénévole, d'observateur impartial, et qui, flottant sans cesse entre l'espérance et la crainte, désire bien vivement que les affaires de la France et de l'Europe s'arrangent pour le mieux (1).

Z.

---

(1) Pendant l'impression de cet opuscule, le ministère a été changé. S'il s'est quelquefois trompé, nous pensons que ses intentions ne sauraient être suspectes. Les nouveaux ministres, tous hommes connus par leur entier dévouement au Roi et à la Charte, réuniront-ils la majorité dans les Chambres ? Il faut espérer que les gens de bonne foi, quelque soient leurs opinions, que les vrais amis de la France et de la paix, se rapprocheront, et que l'opposition restera dans les côtés extrêmes, seuls auteurs, en 1789, comme aujourd'hui, des malheurs de notre pays.

IMPRIMERIE DE J. M. BARRET, PLACE DES TERREAUX.